HENRY BECQUE

I

ÉMILE COLIN — IMPRIMERIE DE LAGNY

FRITZ DU BOIS

HENRY BECQUE

L'Homme

Le Critique — L'Auteur dramatique

PARIS
A. DUPRET, EDITEUR
3, RUE DE MÉDICIS, 3

1888

M. HENRY BECQUE

Être quelqu'un, avoir une physionomie littéraire aux traits bien accusés, c'est beaucoup dans notre époque où la manie de la ressemblance, de l'imitation, du plagiat gagne inconsciemment tant d'écrivains! Cette pensée ne justifie-t-elle pas, en quelque mesure, l'admiration de ceux qui voient en M. Becque une des rares personnalités sinon la seule du théâtre d'aujourdhui?

La Presse n'a jamais manqué de signaler et de juger les premières et les reprises de ses pièces. Mais la Presse est obligée à des égards et à des concessions envers ses lecteurs, et le public n'ayant pas su ou voulu prendre goût à *Michel Pauper* ni aux *Corbeaux*, elle se contenta de le suivre dans son sentiment. *La Navette* valut à M. Becque un premier dédommagement et le vengea de la longue indifférence des uns et des condamnations prononcées contre lui par les autres. Puis vint le succès de *la Parisienne*, et aujourd'hui l'auteur de *la Navette* et de *la Parisienne* se voit des juges plus bienveillants, son double succès étant pour la Presse et le public une garantie meilleure que son talent lui-même.

En dépit des jugements généralement défavorables portés sur lui, les débuts de M. Becque furent pourtant une révélation dramatique pour un petit nombre de lettrés. Ce n'était pas qu'il eût des sympathies d'artistes toutes prêtes à défendre sa cause. Jusqu'alors la politique avait seule occupé sa pensée et l'avait tenu éloigné du monde des artistes. Mais, de ce petit nombre, quelques-uns reconnurent du premier coup en lui un littérateur à sa façon bien *littéraire* d'écrire, d'autres, un tempérament personnel à sa façon de faire vivre et parler les hommes, d'autres enfin découvrirent un lien de parenté entre sa pensée et la leur. Ce lien de parenté ne fit que s'affirmer davantage avec le scepticisme que nous révèle la dernière manière dramatique de M. Becque, sans compter ses préface, conférence, critiques et causeries récemment publiées.

Comment, devenu sceptique, M. Becque juge les hommes d'aujourd'hui ; comment, littérateur, il juge les écrivains et se tient devant la critique et l'opinion ; comment, sans formule et sans théorie, il n'est que personnel dans son théâtre, voilà en trois points ce que nous essayerons de montrer dans ces pages.

LE SCEPTICISME MODERNE ET LE SCEPTICISME DE M. BECQUE

Le scepticisme implique un travail de la pensée ou une expérience de la vie, sans quoi il n'est que la forme transmise de l'esprit d'un autre. Ainsi, le scepticisme religieux d'aujourd'hui est moins le résultat d'un travail intellectuel propre à notre époque que l'héritage d'un plus ou moins grand nombre de générations. Les foyers de piété cependant sont loin d'être éteints partout et ils livrent encore tous les jours aux influences scientifiques et mondaines, de nombreux adolescents fervents dans la dévotion, solides dans la foi : chez ces derniers, la volupté d'adorer a déterminé un besoin de leur être sensible, — ou les satisfactions morales de la *foi* ont déterminé un besoin de leur esprit. Ainsi, deux besoins distincts de l'être religieux, adorer et croire, l'un plus pressant que l'autre dans le catholicisme où l'être religieux grandit, se développe dans la volupté de l'adoration extérieure, l'autre dominant dans le protestantisme où l'être religieux se forme par l'adoration intérieure du Dieu invisible : « *Absconditus Deus* ».

Si le scepticisme atteint, dans le premier cas, la sensibilité dans la forme particulière que lui impriment des pratiques religieuses comme celles de l'Eglise eatholique, il n'atteint, dans le second cas, qu'une idée, — un besoin de l'esprit. Ils ne manquent pas, les croyants qui, désabusés de la vérité chrétienne, se détournent de la religion pour chercher la vérité ailleurs. La nouveauté des points de vue les intéresse et les console d'avoir perdu la Foi. Après un long travail de la pensée, trouvant le même caractère hypothétique à toutes les explications scientifiques qui intéressent particulièrement leur être moral, — le principe des choses, la fin des choses, — ils aboutissent à un désenchantement. D'un même ordre nous semble le scepticisme du penseur qui, conduit par un sentiment philanthropique, a cherché une solution au problème social. Il fait le tour de toutes les théories humanitaires et finit par les trouver aussi défectueuses l'une que l'autre dans l'application. Pour ce désabusé, la société est ce qu'elle est, on n'y peut rien changer, elle persévère dans son être. Philosophie bien amère si l'on pense à la somme d'expériences douloureuses qu'il faut au philanthrope pour arriver à ce désenchantement final.

Le scepticisme religieux — en tant qu'il n'atteint que le penseur, — et le scepticisme social comportent donc tous deux une lassitude après les révélations de la pensée et de l'expérience. Le croyant souffre d'un manque d'harmonie entre le besoin de son esprit et les connaissances qu'il a acquises en fatigant cet esprit à des recherches longues et stériles. Le philanthrope souffre d'un désaccord entre le rêve humanitaire qui avait germé dans son cerveau et les réalités immuables de la société. Ce même aboutissement négatif de deux efforts différents enveloppe tout un pessimisme, pessimisme de l'homme qui a pensé et qui a agi, sans qu'il en résultât aucune satisfaction pour son besoin de croire — ou pour son besoin d'aimer la vie, en aimant les hommes. Il n'y a pas loin de ce résultat à l'amer dégoût de la vérité — et à cette misanthropie qui est au fond de la littérature pessimiste, influente aujourd'hui.

Cette littérature est née également d'efforts qui ont abouti à un désenchantement. Aussi toute la philosophie qui s'en dégage se ramène-t-elle à cette conception de la créature humaine : Un être doué de volonté et dominé par les circonstances en raison directe de l'affaiblissement de sa volonté. Le scepticisme de cette littérature, — où se trouve renfermé le pessimisme de notre époque — s'est transmis à nous, sous l'influence de notre excessive civilisation, de notre puissance d'analyse, de nos précoces expériences si fatales à la volonté d'agir, au désir de vivre. On est aujourd'hui sceptique, sans avoir vécu, si tant est qu'avoir vécu signifie avoir dépensé lentement et modérément la somme d'énergie et de jouissances possibles que comporte chaque existence. Avoir vécu renferme cependant une autre signification, bien applicable à une époque d'aboutissement comme la nôtre. C'est avoir vu la vie dans les journaux, dans les livres, c'est avoir épuisé, en quelques années, avec les facilités de vivre et les raffinements de civilisation de cette fin de siècle, le maigre héritage de force corporelle, de curiosité de l'esprit, d'énergie morale, que nous ont légué des générations déjà sceptiques et découragées.... C'est être arrivé à vingt et quelques années, au même point qu'un homme d'âge mûr pour qui l'amour, dégagé de son voile d'idéal, se réduit à un besoin des sens, à un sentiment égoïste; c'est encore avoir assisté à distance aux luttes politiques de la troisième République.

Les différentes formes de scepticisme que nous venons d'indiquer impriment à notre époque un caractère dont l'historien de la pensée moderne trouvera le reflet dans une grande partie de notre littérature : littérature où la pensée *s'inquiète* dans la recherche stérile de la vérité éternelle des choses, — littérature où le cœur souffre des misères sociales dont le caractère immuable annihile les plus belles théories humanitaires, littérature où *l'à quoi bon vivre* se pose à chaque instant.

Écrivain d'aujourd'hui, M. Becque se distingue dans notre époque par une expérience personnelle. Le pessimisme, dans son acception actuelle, lui a été étranger à l'âge de vingt ans. A cette époque (1857), le Romantisme exerçait encore sa fascination et son influence et

M. Becque les a subies toutes les deux. *Michel Pauper*, représenté une dizaine d'années plus tard, en montre des traces évidentes. Les événements encore récents de 1848 et de 1851 portaient beaucoup d'esprits jeunes vers les questions sociales et là où le scepticisme religieux n'inquiétait pas la pensée, où les découvertes désespérantes de la vie n'affaiblissaient pas la volonté d'agir, — on aimait vivre, vivre pour une idée, vivre parce que la vie semblait belle et bonne. L'esprit conservait longtemps son énergie, et le rêve de vingt ans, qu'il fût humanitaire, artistique ou autre, embellissait l'avenir, sanglait le désir de vivre. M. Becque est de cette génération, disons mieux, de cette race d'esprits sains et vaillants. Lui aussi, il eut son rêve humanitaire. Ce que fut ce rêve, il nous faudrait, pour le savoir, le trouver consigné dans des écrits publiés ou restés manuscrits. Malheureusement, M. Becque n'a rien publié jusqu'à ses débuts au théâtre, à part peut-être quelques articles disparus et oubliés, et nous ne connaissons d'œuvres inédites de M. Becque que des vers de sa jeunesse — et des vers écrits au lendemain de la guerre, ces derniers en particulier inspirés par le meilleur patriotisme. On peut cependant trouver trace de ce rêve dans *Michel Pauper* qui est bien une pièce symbolique. Que faut-il de plus qu'un régime d'oppression et d'arbitraire, comme le fut celui du second empire, pour susciter dans les âmes fortes et les esprits indépendants des idées de justice et de liberté, pour renouveler les protestations d'un Rousseau avec sa théorie de la justice sociale fondée sur la volonté libre? Nous croyons savoir que des lectures de Rousseau ont fortement influencé la pensée de M. Becque. Si le drame de *Michel Pauper* est l'étude physiologique de la persistance d'une nature, d'une passion, n'est-il pas en même temps un plaidoyer en faveur de l'ouvrier laborieux et qui joint au mérite du travail celui de l'intelligence? L'idée humanitaire de M. Becque, bien que manquant de la précision d'une théorie exposée par écrit, se dégage de son premier drame : elle s'explique par les influences au milieu desquelles il a passé sa jeunesse. L'histoire de sa pensée échappe depuis *Michel Pauper*. *L'Enfant prodigue*, pièce qu'il donna deux ans plus tard, ne nous enseigne rien, si ce n'est que l'influence romantique n'a pas persisté dans la forme littéraire de l'auteur, si ce n'est encore que l'avènement du réalisme, est proche. Que se passe-t-il dès lors dans la société ? Le régime impérial, miné lentement, manque de solidité à sa base. C'en est fait de lui tout à coup, à la suite de cette catastrophe de 1870 qui fut une conséquence de ses propres fautes. La France voit s'ouvrir en même temps un ère de liberté. Toutes les doctrines sociales, si longtemps réduites à l'impuissance par le régime disparu, peuvent respirer librement et toutes proposer et mettre à l'essai les solutions qu'elles apportent. Ce n'est que plusieurs années plus tard que M. Becque revient au théâtre. Dans l'intervalle, que s'était-il passé dans son esprit ? Même lacune que tout à l'heure. Il n'a pas écrit. Mais la forme définitive de sa pensée en laisse deviner l'évolution intermédiaire, et cette forme définitive seule nous intéresse. M. Becque nous disait dernièrement : « Aujourd'hui, ne serais-je pas plutôt réactionnaire? » Il est devenu sceptique pour avoir vu la société marquer ses étapes évolutives, en raison même de l'égoïsme des individus, sans qu'aucune solution puisse la constituer définitivement, à l'entière satisfaction de chacun. « Faut-il peut-être entendre par démocratie, a-t-il écrit, les vices de quelques-uns mis à la portée du plus grand nombre? » Son scepticisme est le résultat de ses observations à longue portée de la société moderne qui agit, qui trafique, insouciante du sort social, tandis que ce sort intéresse des hommes qui élaborent des systèmes, qui apportent des solutions, souvent belles théoriquement, mais dissimulant toutes cet amour-propre dont LaRochefoucauld dit qu'il est à la racine de toutes les affections de l'homme. Peut-être M. Becque livrera-t-il un jour dans une pièce l'histoire de sa pensée ? En attendant, il continue à observer la société, comme il le dit impersonnellement dans le sonnet suivant :

Pendant que les forts et les sages
Comptent, trafiquent, font leur prix,
Acceptent tous les esclavages,
Acceptent tous les compromis ;

D'autres trop las pour tant de peine
Et qui demeurent des témoins
Contemplent la mêlée humaine
En riant dans les petits coins.

Parfois des tristesses les prennent,
Ils regrettent et se souviennent
De grands projets évanouis.

Ce sont des faiseurs de volumes,
Ils sont légers comme des plumes,
Ils sont profonds comme des puits.

Le scepticisme de M. Becque réprouve sans doute l'idée que la vie n'est pas bonne à vivre. Nous avons vu que sa jeunesse avait subi l'influence de la littérature idéaliste. Sa volonté a trouvé en outre son salut dans la foi à une idée. La foi pousse à l'action, au travail de la pensée, à la poursuite d'un idéal, et même elle viendrait à manquer un jour que le caractère n'en aurait pas moins pris un pli d'énergie qu'il garde jusqu'au bout. Il suffit de connaître l'attitude de M. Becque devant la critique pour lui deviner ce caractère fortement trempé. De plus, il est né à Paris, il a vécu à Paris. Paris l'a marqué de ce signe particulier, lui a donné cette allure vive d'esprit, auxquels se reconnaît l'homme du monde, le Parisien pénétrant et moqueur. Et aujourd'hui qu'il a derrière lui une expérience de près de trente années, la vie lui semble bonne parce qu'il a commencé une œuvre et qu'il se sent assez d'énergie pour la mener à terme. Le socialiste qui avait foi à son idée a passé sa connaissance de la société et son scepticisme à l'homme du monde, au Parisien. Le Parisien, avec la tournure ironique de son esprit, se complaît dans ce septicisme, si bien que derrière la pensée écrite de M. Becque, cette pensée qui exprime en raccourci toute une conclusion d'expérience, derrière ses articles, derrière ses dernières pièces, se révèlent en même temps un homme qui connaît les hommes de son temps, et un homme qui rit de leurs esclavages, de leurs compromis.

Contemplent la mêlée humaine
En riant dans les petits coins...

dit M. Becque, mais pour ajouter aussitôt :

Parfois des tristesses les prennent,
Ils regrettent et se souviennent
De grands projets évanouis...

C'est alors le socialiste qui se réveille, pris de la nostalgie de son ancien rêve, sentant monter dans son cœur ce qu'il y a d'amertume dans cette nostalgie, dans le souvenir mélancolique des lointaines illusions...

Connaître les hommes, rire des hommes avec ce fond d'amertume et de regret dans le cœur, en faut-il davantage pour donner naissance à des pièces comme les dernières de M. Becque et à cette allure impartiale, à cette langue amère et cynique que comportent ses jugements sur la société. « Vivent les honnêtes gens, a-t-il écrit. Ils sont encore moins canailles que les autres! » La *Revue Illustrée* a publié de lui, sur la question des

Juifs, un article empreint de ce caractère impartial et qui est une critique amère et profonde des passions enflammées par cette question. Un mot résume l'attitude de ce sceptique dans la société : il est indépendant. Mais comme c'est au théâtre que s'est attachée définitivement sa pensée, il est surtout intéressant de voir M. Becque au double point de vue de son indépendance devant la critique et de son indépendance de toutes règles et de toute formule dramatique.

M. BECQUE ET LA CRITIQUE

« Comment être fixé avec un auteur qui se borne à prendre ses personnages dans le monde et à les transporter sur la scène, qui nous montre leurs sentiments à eux, qui nous donne leur langage à eux, en un mot, qui nous représente leur vie à eux, sans qu'elle ait jamais une ressemblance véritable avec la sienne? Si cet auteur n'a pas consigné dans un écrit spécial ses opinions particulières, ses pensées intimes, on en est réduit forcément avec lui à des conjectures. Si, de plus, il ne nous a pas éclairés sur l'esprit de ses compositions et sur la direction qu'il entendait leur donner, alors toutes les conjectures, et toutes les suppositions deviennent possibles ? »

Qui parle ainsi ? M. Becque dans une conférence sur l'*Ecole des femmes.* Et ces lignes, dans la pensée du conférencier, sont assurément une allusion aux critiques provoquées par son théâtre et, en particulier, à l'hypothèse par laquelle on explique généralement son attitude d'auteur indépendant. On donne ainsi pour cause à cette attitude un point de vue théorique qui exclurait tous les autres points de vue, au lieu d'y voir cette impartialité d'artiste qui, admettant tous les talents, tous les tempéraments et les discutant littérairement, demande à la critique, aux directeurs de théâtre d'en faire autant, avant de les condamner les uns au profit des autres. « Un système dans l'artiste, écrit Musset dans son Salon de

1836, c'est de l'amour, dans le critique, ce n'est que de la haine! « La pensée de M. Becque peut-être un peu trop dissimulée dans sa conférence, se complète en termes précis dans quelques lignes d'une préface aux *Soirées parisiennes* de 1883. Parlant des auteurs dramatiques, il dit : « Enfants de Victor Hugo ou de Balzac, élèves de M. Labiche ou de M. Dennery, prenons nous les mains et défendons ensemble ce bout de plateau emporté si péniblement. Aimons-nous justement dans la diversité de nos talents. Pleurons avec ceux-ci, rions avec ceux-là. Que le vers soit l'ami de la prose et que la prose rende hommage au vers. Pas de préférences, pas d'exclusion! pas de théories surtout! L'un ne comprend que le théâtre qu'il fait, l'autre ne peut pas faire le théâtre qu'il comprend. Attaqués de toutes parts dans nos efforts et dans nos tentatives, déployons nous gaiement sous cette levée de martinets.»

Ainsi, le fond de l'indépendance de M. Becque est le respect le plus sincère pour l'indépendance du talent qui se déploie en dehors de toute entrave, qui brise les conventions qui le gênent, qui se produit librement, avec son plus ou moins de personnalité.

« Il n'y a pas de mesure pour le talent, dit-il, il n'y a pas de conventions que l'originalité ne détruise et ne remplace. »

Son indépendance consiste à se soustraire à tout ce qui arrête le libre essor de sa personnalité, à ces conventions d'école qui condamnent à priori ce qui déroge à un système, à ces conventions dont un accord prolongé des auteurs et du public semble avoir fait la base indispensable de tout théâtre.

Il est résulté pour M. Becque qu'en s'affranchissant de ces dernières conventions, il a porté atteinte à toute une théorie du théâtre, répandue dans l'opinion et fondée sur ces conventions mêmes. Ce que la société pense du théâtre, une critique l'exprime, en vertu d'un contrat passé tacitement et qui veut que cette critique demeure dans la dépendance de l'opinion. Nous touchons ici à une question déjà très discutée, et qu'il vaut la peine de reprendre dans ses détails. L'indépendance de M. Becque ne s'en expliquera que mieux et se justifiera du même coup.

Bien divers sont les hommes adonnés aujourd'hui à la critique, divers aussi les points de vue auxquels ils sont placés pour juger. Celui-ci dépend du journal dans lequel il est forcé d'écrire; celui-là a des affinités intellectuelles avec l'esprit général, et jugera comme lui, et deviendra son porte-parole et son homme de confiance; un troisième, demeuré dans l'indépendance du journal et de l'opinion, jugera personnellement par la somme de jouissances artistiques ressenties.

Voyez le premier de ces critiques. Il arrive que toutes les forces productives de son journal devant converger vers une idée de propagande, lui, ce critique, joue le rôle d'une de ces forces, quitte à se dédommager de l'abdication de ses idées par une forme personnelle et littéraire. Son état de servitude n'est donc pas à contester. Sans doute,il pourra se faire quelque réputation, mais seulement lorsque les regards auront appris à s'arrêter sur lui, seulement encore parmi les lecteurs réguliers de son journal ou de sa revue (1).

(1) Le lecteur reconnaîtra ce premier

Pendant ce temps, il verra des aînés plus écoutés que lui. C'est que l'opinion a ses hommes de confiance, cela en littérature comme en politique, comme en science, et l'opinion en change rarement. Ces hommes de confiance que leur notoriété place en dehors de toute entrave à leur liberté de critique, parlent comme ils pensent, selon leur bon plaisir. Ils n'ont plus à tenir compte des amitiés et des rancunes de leur journal. Comme ils sont des hommes, ils ont en revanche leurs rancunes et leurs amitiés personnelles ; il serait étrange qu'il en fût autrement. Leurs jugements font loi, leurs prédictions sont paroles de prophète. « Une foule, dit M. Zola, est une collectivité malléable dont une main puissante fait ce qu'elle veut. » Le

critique sans que nous ayons besoin de nommer personne.

critique qui a su s'imposer, tire sans doute sa puissance de ses affinités de nature, de goût et de sentiments avec la collectivité malléable. Tel nous paraît M. Sarcey dont les articles hebdomadaires au *Temps* expriment généralement le sentiment du public à l'égard des auteurs et dont les jugements entrent par conséquent en ligne de compte dans les combinaisons financières des directeurs de théâtre. M. Sarcey ne peut évidemment donner que ce qu'il donne, il accomplit sa destinée de critique, en raison des forces intérieures qui le portent à préférer ceci à cela. « La critique, dit La Bruyère, n'est souvent pas une science. C'est un métier où il faut plus de santé que d'esprit, plus de travail que de capacité, plus d'habitude que de génie. » M. Sarcey juge indépendamment de tel ou tel système, il est vrai, mais il appartient, par sa longue habitude du théâtre, à ce public qui a fini par regarder comme une nécessité pour l'optique de la scène un lot de conventions si longtemps admis sans conteste. Et ce public, que demande-t-il à la pièce qu'on lui joue? L'homme d'affaires, qu'elle détende sa pensée des fatigues de la journée; le rentier, qu'elle le délasse de son oisiveté; la femme du monde, qu'elle l'amuse par des situations imprévues et des mots d'esprit; la jeunesse, partiellement, il est vrai, qu'elle s'adresse à son rire, à la tournure gaie et insoucieuse de son esprit. M. Sarcey résume bien tous ces éléments d'un public, et leurs besoins intellectuels. Aussi ne demande-t-il pas davantage. Ne l'avoue-t-il pas dans cette phrase d'un article sur Hamlet (*Temps*, numéro du 4 octobre 1886) : « Hamlet, voyez-vous, c'est plus fort que moi. Je ne peux pas venir à bout de m'y plaire. Je dis ingénûment la chose comme elle est, au risque de me faire conspuer. » M. Sarcey ne s'en prend cependant pas à Hamlet du peu de plaisir qu'il y trouve. « C'est nous évidemment, ajoute-t-il, qui sommes dans notre tort de ne pouvoir sortir de nous-mêmes, et nous abstraire de nos habitudes d'esprit pour goûter pleinement un chef d'œuvre exotique, » en quoi M. Sarcey a raison. Il dit encore, en parlant d'Hamlet : « J'ai nagé tout le temps dans le doute et dans l'incertitude. Si Hamlet feint d'être fou, s'est-il laissé prendre à son piège en sorte que tantôt il est un comédien de la folie, tantôt un fou authentique, sans qu'on sache précisément où finit le comédien et où le fou commence ? » Cette phrase est un aveu. Si Hamlet demeure une énigme pour M. Sarcey, si cette énigme lui a fait dire : « Je ne peux pas venir à bout de m'y plaire, » c'est qu'il partage avec l'esprit général cette *superficialité* qui est hostile à tout problème psychologique. Une âme complexe et troublante lui fait jeter le cri : « Tout ce qui n'est pas clair n'est pas français. » Un esprit superficiel implique généralement une pensée active qui se disperse, ne fait qu'effleurer les choses, parce qu'il lui manque la force de pénétration nécessaire pour s'arrêter à un seul objet. N'est-ce pas ainsi, par exemple, qu'il faut expliquer la formation de cette couche légére de connaissances, qui fait de tant d'hommes cultivés des encyclopédies toutes de surface, de noms, de dates, d'événements ? Voyez l'esprit superficiel dans le domaine de l'art. Il n'aperçoit en sculpture et en peinture que des contours et des formes. L'idée artistique comprise dans une certaine juxtaposition de tons et de couleurs et personnelle à l'artiste, lui échappe. Voyez-le en littérature! Il ne demande au roman qu'une succession de faits qui forme une histoire, et des personnages vivant d'après ces faits. Il ne comprend pas le roman qui se réduit à l'analyse d'un état d'âme et qui porte toute son observation sur la vie intérieure de personnages en nombre restreint. De même au théâtre. Il ne verra, — cet esprit, — dans Molière que le comique de ses charges, sans deviner le fond d'humanité qui s'y trouve enveloppé. Il dira de lui, comme de Regnard et de Rabelais : « Voilà des maîtres, des modèles! Prenez-leur leur verve continue, leur gaieté folle... » Mais, en même temps, il ne verra pas ce qu'il y a d'humain en eux, qu'ils se sont attaqués à des vices, qu'ils ont taillé à grands coups d'ironie dans la vie, dans les faiblesses, dans les mensonges, dans l'immoralité de l'humanité... Même il le verrait qu'il n'en aurait aucun plaisir... Voyez, pour juger de l'effet, les *Corbeaux* de M. Henry Becque, qui sont une pareille peinture de la société, moins cet élement de comique d'où Molière tire encore aujourd'hui la plus grande partie de son prestige. L'homme d'affaires s'y retrouve tel qu'il est, en pleine vie active, la pièce ne sera donc pas un repos pour lui ; le rentier a préféré l'oisiveté à cette vie-là, et voilà qu'on l'y ramène, en lui en rappelant les vilains égoïsmes; la femme du monde s'intéresse à peine à ce milieu bourgeois, et ces créanciers implacables, comme le deuil des Vigneron, l'ennuient; la jeunesse (partiellement) est venue s'égayer et voilà qu'on parle à ses larmes. « Plus d'imagination fait l'un;

écrit M. Becque, — plus de gaieté, répond l'autre. Et le métier, jeunes gens, le métier ! s'écrie un troisième. Si l'on ne dit rien du style, c'est que le style au théâtre ne compte pas. Ce point a été décidé par les arbitres, il n'y a pas à revenir dessus. » M. Sarcey éprouve le même ennui, la même lassitude. Comment peut-il s'intéresser à cette société sans idéal, sans morale, sans amour ? Aussi, en exprimant son avis au bout de la semaine, il entendra dire de tous côtés ! « Voilà un homme qui comprend le théâtre. » Mais. comme nous l'avons vu, cet accord d'appréciation entre le critique et le public provient de leurs affinités de nature et de goût,

Au-dessus du critique qui subit la contrainte de son journal et de celui qui exprime si fidèlement le sentiment général, nous avons signalé un troisième critique, libre celui-ci et vraiment supérieur aux deux premiers par ses facultés d'artiste et de penseur. — Par son aptitude à s'abstraire des routines de son époque, par son indépendance, un pareil critique commence le lent travail de sélection que font les âges et pendant lequel les œuvres d'une réelle valeur atteignent leur vraie place et les œuvres médiocres descendent lentement dans l'oubli. « Celui qui n'a égard en écrivant qu'au goût de son siècle, songe à sa personne plus qu'à ses écrits, dit La Bruyère ; il faut toujours tendre à la perfection et alors cette justice qui nous est refusée par nos contemporains, la postérité sait nous la rendre. » Ce troisième critique juge sans considération du goût de son époque, des habitudes d'esprit de son temps, il juge par lui-même, par la somme d'émotion ressentie en même temps que par la jouissance intellectuelle que produit une œuvre d'art. D'une part, une pièce de théâtre, un roman, une pièce de vers où la vie est pénétrée dans toute sa complexité, exerceront sur lui en effet suggestif, il y verra le signe d'une crise morale de son époque, il se sentira vivre en eux. D'autre part, une belle langue poétique, une belle prose littéraire seront un rafraîchissement pour son intelligence, après toutes les banalités de la routine qui l'auront assoiffé d'idéal et de beauté artistique. Rappelons ici ces belles pages de l'Idéal dans l'art où M. Taine montre l'artiste puisant à travers les habitudes d'un époque, le caractère d'un peuple, la physionomie d'une civilisation, — à ce fond commun des hommes de tous les temps et de tous les pays : le cœur humain avec son besoin de croire et d'aimer, avec ses souffrances, ses mensonges, ses passions. Tandis que l'oubli étend lentement sa grande ombre sur tout ce qui, a vécu — que les modes succèdent aux modes, que les religions s'écroulent, — le cœur humain demeure toujours le même, il est l'absolu dans l'humanité. Le critique qui peut s'abstraire des points de vue, des modes, des goût de son époque, qui juge par son cœur — et non par l'œil de la foule, — est donc le juge par excellence.

En résumé, les critiques des deux premiers groupes mettront une entrave à l'indépendance de l'artiste, — si tant est que par cupidité ou par nécessité celui-ci doive compter avec la presse et l'opinion. Aujourd'hui, le prestige de ces critiques est immense sur les directeurs de théâtre qui, trop peu confiants dans leur propre jugement, pressentent plutôt dans le choix de leurs pièces l'appréciation de la critique et le goût du public. Car, on ne peut pas s'y tromper, la considération de cette appréciation et de ce goût est la meilleure garantie pour un directeur du profit pécuniaire qu'il attend de son théâtre. M. Becque exprime nettement sa pensée à ce sujet dans cette même préface que vous signalons plus haut : « Aujourd'hui ou presque tous nos théâtres sont en commandite et où les directeurs reçoivent des traitements considérables, la préoccupation d'argent n'est pas plus importante pour eux que la préoccupation d'amour-propre. Ils ne veulent rien jouer, par ignorance. Ils ne savent pas. Ils craignent de se tromper. Ils tremblent devant la perspective d'une chute. Gens impatientants qui parlent toujours de leur compétence — et n'ont aucune confiance dans leur jugement. »

Parlant de la situation faite aux auteurs, M. Becque ajoute : « Le silence pour un auteur dramatique, c'est le commencement de la sagesse. S'il aime son art et qu'il aime à en parler, il indispose ceux qui le connaissent mieux que lui. Qui ne le connaît mieux que lui ? qu'il prenne bien garde de se louer ! qu'il prenne bien garde de se plaindre ! On ne lui demande que bien peu de chose après tout, d'être conciliant. Conciliant avec le directeur, conciliant avec les comédiens, conciliant avec les critiques, conciliant avec ses confrères, enfin, conciliant avec le publlc. Il a besoin de tout le monde et personne n'a besoin de lui. »

Dans son indépendance vis-à-vis de la critique complaisante et payée — et du directeur qui fait de son théâtre une exploitation financière, M. Becque se réjouit de l'originalité de la critique qui juge au seul point de vue littéraire sans considération extérieure — et par conséquent, des talents qui se produisent librement, sans contrainte d'une part ou de l'autre. « Voilà bientôt dix ans que je fais partie de la commission des auteurs, écrit-il. J'ai bataillé un peu partout pour les auteurs nouveaux. Inutile et médiocre entreprise où l'on rend moins de services qu'on ne se crée d'hostilités. Des amis bienveillants me conseillent l'indifférence, de laisser là les intérêts communs et de m'en tenir à mes travaux. Je me reprocherais — je l'avoue — d'abandonner des confrères qui se débattent encore dans les difficultés dont je suis à peine sorti. J'ai besoin de plaider leur cause. Je serais si heureux que leur talent me donnât raison — et triomphât de tant de mauvais vouloirs. Demandons donc à tous nos directeurs plus de décision que d'habileté — et des fantaisies d'hommes d'art plutôt que des prétentions d'hommes d'affaires. » Ce mot de la fin en dit long sur la dépendance du théâtre vis-à-vis de l'opinion. Il nous ramène en même temps à la société et au scepticisme de M. Becque — par conséquent à son théâtre, qui est une vue de la société à travers son scepticisme.

LE THÉATRE D'AUJOURD'HUI ET LE THÉATRE DE M. BECQUE.

Indépendant du public, de la critique, M. Becque l'est encore de toute formule, et de toutes règles d'école.

Peindre les hommes, atténuer le plus possible leurs vices, dégager de leur vie ce qui leur suscitera plutôt la sympathie, moraliser leurs amours, imprimer à leurs actes des tendances vertueuses, mettre sur leurs lèvres la poésie du sentiment, nous semble le programme de la littérature idéaliste. Le théâtre de cette littérature occupe une place assez grande dans notre siècle pour qu'il ait pu habituer lentement l'esprit général à une optique particulière de la scène, à des conventions *sui generis*. Ces conventions visent conformément au dit programme à une réalité épurée des réalités de la vie qui produiraient une impression déprimante. L'auteur idéaliste réalise un idéal moral bien plus qu'il ne dépeint la vie; sa méthode *épurative* jure donc singulièrement avec la méthode *analytique* qui donne aujourd'hui pour base au roman et au théâtre, non plus le sentimental, le romanesque, l'honnête, — mais une suite logique de sensations : la *vie même*. L'idéal moral cependant, au lieu de déterminer le choix des personnages, de la réalité réduite, peut déterminer une conclusion *morale* à une pièce réaliste, et l'auteur se dédouble ici en peintre des mœurs et en moraliste. Mais dans ce cas, comme dans le précédent, les personnages ne vivent qu'au gré de l'auteur, d'une part, pour réaliser le programme idéaliste, de l'autre, pour préparer la solution d'un problème posé. Ce *programme* implique des individus dégagés de certaines réalités de pensées et de paroles, cette *solution* nécessite l'intervention de l'auteur lui-même dans sa pièce, sous les traits d'un Olivier de Jalin, d'un Thouvenin — ou dissimulé dans la pensée des personnages qu'il dirige en vue de sa conclusion. Des deux parts, ces personnages accommodés à une idée générale ou terminale, et par suite, sans indépendance, sont encore déformés plus ou moins dans leur physionomie bourgeoise et moderne par une langue exaltée, par la période à effet, en particulier par le monologue : le monologue que le romantisme a grandi hors de toute mesure, comme dit M. Zola (*Nos*

Auteurs dramatiques, page 45. Article sur V. Hugo), et qui est l'un des restes les plus évidents du *romantisme* au théâtre. Ces deux formes de théâtre, dont la seconde est la propriété de M. Alexandre Dumas fils, tiennent une grande place dans le répertoire moderne. Sans parler encore du réalisme non compliqué de thèses, c'est assurément là que nous trouvons les peintures les moins inachevées de caractères. Que deviennent des personnages dans un théâtre où l'intrigue prime le caractère et par suite le déforme ; et, avec l'intrigue, les coups de théâtre, des situations nécessitées par le dénouement, des mots d'esprit qui sont une autre forme de l'intervention de l'auteur dans sa pièce ? Ces personnages ne vivent pas pour eux-mêmes non plus que pour une action libre engagée entre eux, mais seulement pour le publicqui applauditchaquesituation imprévue, chaque mot d'esprit.

Nous venons d'indiquer un ensemble de conventions qui devaient arrêter comme autant d'obstacles l'école réaliste, à ses coups d'essai. Le moule reçu la gênant, elle essaya de le briser, et elle s'y prit de plusieurs façons. *Nos auteurs dramatiques*, de M. Zola, qui sont une longue protestation contre ce moule, contre ces conventions, commencent à baisser la voix devant le fonds d'humanité vraie de *Paul Forestier*, des *Fourchambault*, et des *Lionnes pauvres*, devant les *Faux bonshommes* de Théodore Barrière, *l'ami Fritz* d'Erckmann-Chatrian et crient au triomphe lors d'Henriette Maréchal. Les *Faux bonshommes* apportent, comme innovation, une intrigue très mince, et des personnages vivant pour eux mêmes. *L'ami Fritz* a « son mérite immense, dit M. Zola, dans la structure des scènes, dans les mobiles des personnages, dans la langue qu'ils parlent. Cette comédie, si tendre et si bonne enfant, apporte une évolution. On se trouve enfin devant un coin du monde réel, loin de ce monde conventionnel dont les pantins tombent en morceaux. » A propos d'*Henriette Maréchal*, laissons parler M. de Goncourt. Voici comment il s'exprime dans la préface de la pièce : « Dans le roman, je suis un réaliste convaincu, mais au théâtre, pas le moins du monde. Ainsi, dans *Henriette Maréchal* à propos de laquelle un moment il semblait qu'on nous fît l'honneur d'avoir inventé l'adultère au théâtre, dans cette pièce ressemblante à toutes les pièces du monde, il n'y a jamais eu pour nous qu'un acte original et bien personnel à nous : le bal masqué. Et quand, dans cet acte nous jetions cette poésie soupirante d'un jeune cœur qui s'ouvre au milieu de tous les traits d'esprit, de tous les engueulements drôlatiques, de toutes les folies cocasses d'une nuit d'Opéra pas si réelle qu'on a voulu le dire, nous croyions très réellement faire de la fantaisie, mais de la fantaisie moderne, s'entend, car il n'y a pas à recommencer au XIXe siècle, n'est-ce pas, la fantaisie shakespearienne. » Plus loin M. de Goncourt dit encore : « Je ne suis donc pas un réaliste au théâtre, je suis sur ce point en complet désaccord avec mon ami Zola et ses jeunes fidèles, sur les qualités d'une humanité véritablement vraie, le théâtre les repousse par sa nature, par son factice, par son mensonge. » Cette condamnation à priori de toute tentative réaliste à la scène n'empêcha pourtant ni M. Daudet ni M. Zola d'essayer au théâtre une application de leur formule du roman. M. Daudet, prenant pour action d'une pièce l'évolution d'une âme dans des circonstances déterminées, expose les phases de cette évolution dans des actes-tableaux, reliés entre eux par l'unité même de ces circonstances. M. Zola va plus loin. Il a besoin, pour montrer la persistance d'une nature, pour étudier tout au long un cas physiologique, de plusieurs moments de l'existence d'un individu. Ainsi, s'écoule-t-il souvent un intervalle de plusieurs années entre deux tableaux, deux actes. Et l'unité de la pièce qui manque dans l'action multiple, repose sur l'identité de la nature étudiée. Peindre ainsi le vrai, selon l'expression de M. Zola, c'était ne plus s'appuyer sur une base quelconque, mais sur les combats intérieurs des personnages. « Rien n'est aisé, écrit-il, comme de

travailler sur des patrons avec des formules connues, et les héros dans le goût classique et romantique coûtent si peu de besogne qu'on les fabrique à la douzaine. Au contraire l'effort devient très dur lorsqu'on veut un héros réel, savamment analysé, debout et agissant. » Pour ne parler encore que des premières pièces de M. Zola et de celles dont un collaborateur assume la moitié de la responsabilité, son effort consiste à étudier, dans deux ou trois individus, la persistance d'une nature, et à montrer ces individus, dans leur vie, dans leurs mœurs, dans leur degré de conscience, au moyen d'un accessoire de décors et de personnages de même ordre. M. Zola comprend l'homme scientifiquement, dominé par sa nature et sa nature résumant celles de ses ascendants. Il a donc besoin de tout un concours de circonstances, de décors, de personnages secondaires pour faire connaître les personnages principaux dans le fond de leur être à moins toutefois que, recourant à une convention qu'il a condamnée, il ne les fasse monologuer sur eux-mêmes.

Dans les classes inférieures de la société, les bons et les mauvais instincts se manifestent dans des actes de premier mouvement, où n'interviennent jamais, ou presque jamais, la délibération et l'indécision. Les individus de ces classes, dominés par leurs appétits, et leurs besoins sensuels, en un mot, par une poussée instinctive, vivent de la vie impersonnelle du peuple. Leurs actes comme leurs paroles correspondent directement à leurs sensations et c'est de la suite logique de ces sensations que naissent le drame et tout l'intérêt du drame. Il n'est donc pas étonnant que M. Zola ait appliqué à la lettre sa formule naturaliste aussi longtemps qu'il s'en est tenu à des personnages tirés des classes inférieures. Mais qu'arrive-t-il quand il met au théâtre des individus d'une personnalité très accentuée, — et en qui la naissance, l'éducation, des influences comme l'influence littéraire ont développé la vie intérieure, la conscience de soi-même, et provoqué des motifs d'action. M. Zola trouve là la difficulté prédite par M. de Goncourt. Le cas physiologique se complique de l'étude d'une vie intérieure dont l'intensité augmente en raison directe des influences reçues. Cette psychologie, comment l'auteur la présente-t-il au spectateur ? Par quoi supplée-t-il à l'analyse d'état d'âme dans le roman ? Le romancier raconte les crises morales, le dramatiste n'a que le dialogue. C'est de la bouche même de ses personnages qu'il doit tirer toute leur psychologie. Le théâtre classique ne procédait pas autrement, non plus que le romantisme qui étendit même les dimensions des tirades — et en particulier du monologue. Voilà M. Zola en contradiction avec sa propre théorie du théâtre, s'il ne peut pas se tirer d'affaire autrement. Il n'a plus ici ni décors, ni personnages secondaires pour faire repoussoir à ses personnages principaux. A quoi serviraient d'ailleurs ces personnages secondaires puisque l'action est tout intérieure, dans la lutte même d'une nature, (d'une *lésion fatale*), et d'une âme complexe ? » L'effort est dur, a écrit M. Zola. » Avec *Renée*, il a fait un premier effort et ce premier effort a échoué. M. Zola n'a pu y appliquer sa formule que moyennant des conventions qu'il avait condamnées. Conclusion : La formule naturaliste n'est applicable qu'à des personnages de vie intérieure peu intense. Elle ne se concilie avec des individus de personnalité accentuée qu'à l'aide de conventions qui sont au théâtre un obstacle à une vie véritablement *vraie*.

L'optique de la scène se refuse-t-elle donc à toute peinture véritablement *vraie* des hommes et ceux-ci ne peuvent-ils pas garder au théâtre la vie même du langage — sans conventions et sans artifices ? Voyez Molière et Regnard, moins leur comique excessif, voyez surtout Marivaux. Dans leurs pièces, la langue s'adapte toujours au personnage et celui-ci se détache de l'ensemble — avec son caractère — ou avec sa passion — toujours avec sa condition, non seulement par les choses qu'il dit, mais aussi par la façon dont il les dit.

C'est assurément ainsi que M. Becque entend la vérité au théâtre. S'il se rencontre avec M. Zola en posant la base du théâtre réaliste : une suite logique de sensations ou de sentiments — le moins de conventions possibles, — ni fantaisie, ni histoire quelconque : il n'en est pas moins éloigné de M. Zola par son indépendance de la formule naturaliste. Ses personnages se manifestent avec leur caractère — leur nature — par des actes et des paroles, — bien plus qu'ils ne se racontent eux-mêmes... ce qui implique des êtres agissants plutôt que des états passionnels.

Le scepticisme de M. Becque sert d'explication même à son théâtre de la dernière heure. *Michel Pauper*, est une pièce symbolique, l'*Enfant prodigue*, un vaudeville réaliste. La dernière manière de M. Becque, en même temps qu'elle est le dernier degré d'un perfectionnement artistique — révèle le caractère définitif d'une pensée qui a évolué. Pensée et expression sont ici harmoniques l'une à l'autre. Le scepticisme de l'auteur des *Corbeaux* est la conclusion d'une expérience qui lui a fait voir la société telle qu'elle est avec la grande passion moderne, la cupidité ;—et la *Navette*, les *Corbeaux*, la *Parisienne*, les *Honnêtes Femmes* sont le point d'arrivée d'un art à la recherche du vrai. Le fonds commun de ces pièces est, en effet, l'analyse de la cupidité, — forme bien actuelle de l'égoïsme. D'une part, M. Becque y voit le mobile de la vie agissante de l'homme d'aujourd'hui, — d'autre part et par suite, le grand obstacle à la réalisation d'un équilibre social. La place que tient l'amour dans une société presque absolument financière, ces dernières pièces nous la font voir, en touchant à peine à cette passion,—et en laissant percer à plusieurs reprises la cupidité sous un amour réel ou apparent.

Ce scepticisme général qui poursuit la passion de l'or jusque dans l'honnête homme et qui découvre des qualités jusqu'aux cœurs les plus cupides, s'arrête cependant devant un « type » de la société... une personnification de l'honnêteté absolue : « la mère de famille tout à ses enfants et à ses devoirs. » Nous la retrouvons dans toutes les pièces de M. Becque, — excepté dans *la Navette* et la *Parisienne*, — dès *Michel Pauper* inclusivement. Elle se nomme successivement : Madame de la Roseraye, madame Bernardin, madame Vigneron, madame Chevalier... elle s'appellera encore : Marie Vigneron et Blanche, des *Honnêtes Femmes*. N'est-ce pas, en effet, la même femme qui parle par la bouche de toutes ces mères ? « L'avenir de nos enfants nous préoccupe quelquefois plus que leur santé... Et puis vous oubliez les êtres qui nous ont le mieux aimé, et dont on pleure éternellement la perte... » (Madame de la Roseraye, *Michel Pauper*). « Eh bien! non, je ne le veux pas, — je me moque de Paris, d'Athènes, de la Chine. A qui est-il mon garçon? Qui est-ce qui l'a fait? C'est moi et je veux qu'il reste auprès de sa mère » (Madame Bernardin, l'*Enfant prodigue*). « J'ourle, je marque, je mets des pièces, je fais tout chez moi. Si je n'avais pas cette sagesse, ma maison serait jolie avec deux enfants qui occupent la femme de chambre du matin au soir... » (Madame Chevalier, *les Honnêtes Femmes*). « Va ! ma pauvre fille, je veux bien garder ce que j'ai, mais je tiens d'abord à conserver mes enfants. » (Madame Vigneron, *les Corbeaux*). La mère de famille semble hanter le souvenir de M. Becque, comme la femme qui lui a appris à aimer l'humanité avant qu'il fût mêlé activement à la société, et appris à la connaître. Ajouter à ces quelques remarques générales que chaque personnage parle une langue bien personnelle — et vivante — parfois cynique jusqu'au cynisme de sa cupidité et amère jusqu'à l'amertume de son âme, c'est compléter le fonds commun de la *Navette*, des *Corbeaux*, de la *Parisienne*, et des *Honnêtes Femmes*.

Nous avons indiqué dans notre premier chapitre deux causes au caractère définitif de la pensée de M. Becque ; son expérience de la société — et sa vie à Paris. A ces deux causes correspondent dans son théâtre deux genres de pièces : des pièces *sociales*, prenant leur fond dans la société en général, des pièces *parisiennes*, présentant des milieux parisiens. D'une part, les *Corbeaux*, les *Honnêtes Femmes*, — de l'autre, *la Navette*, la *Parisienne*... mais au fond des quatre pièces, cette même idée : L'homme d'aujourd'hui est cupide ou frivole, — on ne rencontre d'honnêteté absolue et désintéressée que dans la mère préoccupée seulement de ses enfants.

Antonia, la seule femme de la *Navette*, vit de l'argent de ses amants, sans, pour cela, vendre sa liberté. Elle les trompe tour à tour comme fera Clotilde dans la *Parisienne*. Elle n'appartient pas plus à l'un qu'à l'autre et quand Arthur, l'un des amants, lui propose le mariage et lui expose les obligations de l'épouse, de la mère, elle n'a qu'un mot : « Ah! il est raseur, c'est un raseur! » Dans une scène précédente, — Antonia consentant à l'épouser sans présumer de conditions, — Arthur lui dit : « Je vais maintenant toucher un point plus délicat que les autres... Et ta mère? — Je te prie, Antonia pas plus tard que demain, de faire une visite à la vieille madame Crochard, de te réconcillier avec elle. Il n'y a meilleure société pour une femme que celle de sa mère. »

Les *Corbeaux* sont une comédie d'hommes d'affaires. En conséquence, la cupidité est la seule passion qui y soit analysée. L'action de la pièce est à la fois multiple et une, — multiple parce que chaque homme d'affaires agit séparément, selon son intérêt — et en se détachant de l'ensemble par son action même, — une, parce que toutes ces actions particulières se rencontrent dans un même résultat : la ruine d'une même famille. De l'amour, hors de la pièce, mais à peine dans la pièce. Georges et Blanche se sont fiancés à la suite d'une faute commise par amour. Madame de Saint-Gelis a consenti aux fiançailles, mais elle avait calculé avec la situation finannière des Vigneron, le premier acte nous l'apprend. Ce qui est exposé dans la pièce, c'est la rupture des fiançailles pour raison d'intérêt. Le pianiste Merkens est aimé de Judith Vigneron — et il aime la jeune fille. La pièce nous l'apprend, sans y insister, mais y revient cependant quant à la ruine des Vigneron l'amour de Merkens — malgré les larmes de Judith — est moins fort que sa cupidité. Et comme action finale, un mariage d'intérêt dans lequel Marie Vigneron voit l'unique moyen de tirer d'embarras sa mère et ses sœurs — et qui donne à Teissier une femme de tête, — la femme qu'il lui faut ! Et dans toute la pièce, cette mère de famille, solide au devoir, dévouée à ses enfants !...

La *Parisienne* est une comédie d'intrigue, mais l'intrigue ici n'est pas une histoire à laquelle s'accommodent tant bien que mal les personnages. Elle naît toute de l'habileté d'une femme comme on en rencontre aujourd'hui, « échevelées et pot-au-feu qui trompent leur mari, leur amant et leur monde par-dessus le marché. » (Lambert, *Honnêtes femmes*). Clotilde, la Parisienne, est mariée, elle a des enfants, mais ses enfants la préoccupent si peu, qu'à une observation de son mari : « Tu ne les raccommodes pas assez, » elle répond : « La femme de chambre est là pour ça. » Elle passe son temps à sortir, à étendre ses relations à elle, sans faire naître le moindre soupçon d'infidélité dans l'esprit de son mari. Elle a besoin de se débarrasser d'un premier amant, elle l'éloigne en le trompant. Pendant ce temps, elle s'attache un second amant, lequel au bout de six mois, la quitte sans regrets, peut-être en la trompant, et le premier amant rentre en grâce. Le mari ne voit dans ces amants que des amis de la maison, il n'a vu dans le second qu'un ami complaisant et désintéressé qui lui a fait obtenir une recette particulière ; et tandis que Clotilde conseille à son premier amant, rentré en grâce, d'avoir confiance en eux, en *elle*, la pièce se termine sur ce mot du mari qui le peint tout entier : « La confiance a toujours été mon système ». M. Becque ne nous présente plus dans la *Parisienne* des hommes d'affaires, comme dans les *Corbeaux*, mais il n'en esquisse pas moins la cupidité atténuée du mari. Ce dernier en effet, après avoir désapprouvé les relations de sa femme, revient sur ce qu'il a dit quand Clotilde a pu lui persuader que ces relations lui seront plus utiles que la protection d'un oncle pour obtenir une recette particulière. Point d'amour dans la pièce, pas même l'amour maternel, et par suite, *la Parisienne* servant dans l'œuvre générale de M. Becque de repoussoir à l'idéal d'une mère de famille qui ne trouve, dans l'accomplissement de ses devoirs, ni le temps d'être frivole, ni l'occasion d'être malhonnête.

Dans les *Honnêtes femmes*, lutte entre l'honnêteté d'une mère de famille, madame Chevalier, et les déclarations d'un jeune homme. Lambert ! Toute l'action est là ! Lambert lentement vaincu par la résistance de cette femme, se résoud à se marier, doublement séduit par une jeune fille honnête et par la perspective d'une grosse dot.

Les quelques remarques générales que nous avons faites plus haut et auxquelles nous venons de rattacher des remarques particulières sur les dernières pièces de M. Becque, servent de conclusion à l'ensemble de cette étude. La pensée de M. Becque tout d'abord préoccupée du problème social a abouti au *scepticisme social*, et ce scepticisme s'est revélé par l'attitude indépendante de M. Becque devant la critique moderne subordonnée à l'opinion, par conséquent à la société — et surtout par une peinture bien personnelle et amère des réalités d'aujourd'hui. Les quatre pièces que nous avons analysées tirent toutes quatre leur unité de forme d'une forme dramatique définitive comme la philosophie sociale que ces pièces comportent. Aussi de M. Becque, n'en est-il pas comme de tant d'auteurs dont la pensée évolutionne toujours et dont l'idéal littéraire subit d'incessantes variations. En raison de ce *devenir* continuel de leur pensée et du souci constant de la perfectibilité de leur art, on ne peut deviner la suite de leur œuvre, quant au fond et quant à la forme. Au contraire, on peut par avance rattacher les pièces que produira encore M. Becque à sa dernière manière dramatique, ainsi qu'à son scepticisme. On peut attendre comme couronnement de son œuvre, comme synthèse de ses expériences, une pièce finale, qui, racontant l'histoire de sa pensée, de ses illusions, conclucrait par : « A quoi bon ? » expression dernière de son socialisme et formule de son scepticisme.

FIN

ÉMILE COLIN. — IMPRIMERIE DE LAGNY.

www.ingramcontent.com/pod-product-compliance
Ingram Content Group UK Ltd.
Pitfield, Milton Keynes, MK11 3LW, UK
UKHW020949180726
13838UKWH00003B/1212

9 782329 301563